Joseph Kitchin

Cycles et tendances dans les facteurs économiques

1923

JDH Éditions
Les Atemporels

Les Atemporels

Qu'il s'agisse d'œuvres du vingtième siècle, du dix-neuvième, du dix-huitième ou encore plus tôt…

Qu'il s'agisse d'essais, de récits, de romans, de pamphlets…

Ces œuvres ont marqué leur époque, leur contexte social, et elles sont encore structurantes dans la pensée et la société d'aujourd'hui.

La collection « Les Atemporels » de JDH Éditions, réunit un choix de ces œuvres qui ne vieillissent pas, qui ont une date de publication (indiquée sur la couverture) mais pas de date de péremption. Car elles seront encore lues et relues dans un siècle.

La plupart de ces atemporels sont préfacés par un auteur ou un penseur contemporain.

©2023. EDICO
Édition : JDH Éditions
77600 Bussy-Saint-Georges. France

Imprimé par BoD – Books on Demand, Norderstedt, Allemagne

Préface : Thomas Andrieu

Traduction : Thomas Andrieu

Réalisation et conception couverture : Cynthia Skorupa

ISBN : 978-2-38127-310-5
ISSN : 2681-7616
Dépôt légal : janvier 2023

Préface par Thomas Andrieu

De sa vie, on sait peu de choses. De son œuvre, on en sait souvent à peine plus. Pourtant, il n'y a pas un professeur d'économie sur cette planète qui ignore son héritage intellectuel. Joseph Kitchin est un des premiers penseurs de la question des cycles, et il faut dire que la découverte des cycles courts nécessitait une certaine audace. En outre, l'application des cycles de Joseph Kitchin ne s'arrête pas à l'économie. Il est par exemple intéressant de rappeler que le cycle majeur des performances du Dow Jones, la Bourse américaine, demeure un cycle de 3,5 ans, dont l'utilité est inchangée depuis des décennies.

La légende raconte, d'après le livre de l'économiste américain Edward Dewey[1], qu'un groupe d'investisseurs aurait entendu parler en 1912 à Wall Street d'un cycle utilisé par Rothschild pour prévoir l'évolution des cours du British Consols[2]. Ce groupe d'investisseurs aurait recruté un mathématicien pour reproduire la formule convoitée… Ils finirent par trouver un cycle de 41 mois et ne tardèrent pas à l'appliquer à leur stratégie. La Bourse ne manqua pas d'inspirer, comme aujourd'hui encore, le milieu académique !

Joseph Kitchin était un homme d'affaires et un statisticien. Né en 1861, il s'intéressa aux écrits du Français Clément Juglar (1819-1905) qui écrivait l'année de sa naissance les premières pages relatives à la découverte d'un cycle de 8 à 10 ans… Plus de 60 ans après les écrits de Clément Juglar, le

---

[1] *Cycles: The Mysterious Forces that Trigger Events*, chapter 9, *The Cycles of Wall Street*, 1971.
[2] Obligations perpétuelles britanniques émises par la Banque d'Angleterre de 1877 à 1930.

Britannique s'inspire des sujets de son époque pour mettre en relief un cycle de 3 à 4 ans. Il ne manqua naturellement pas de prévoir le grand retournement de 1930. Il mourut durant la Grande Dépression en 1932, à l'âge de 71 ans.

Plus que jamais, sa pensée mérite d'être authentiquement relatée. C'est en janvier 1923 qu'il publia dans la très respectable *Revue d'Économie et de Statistiques*, un article intitulé « Cycles et tendances des facteurs économiques ». Dans les années qui suivirent, on appliqua rapidement son cycle à plusieurs séries de données pour s'apercevoir de la récurrence de cycles d'une durée plutôt comprise entre 3 et 5 ans. Joseph Kitchin distinguait ainsi trois catégories de cycles, dont la dernière catégorie était un peu particulière :

– Les cycles mineurs d'une durée de 40 mois ou 3,33 ans ($40/12^e$).

– Les cycles majeurs composés de deux ou trois cycles mineurs, dont la durée est comprise entre 7 ans et 10 ans ($80/12^e$ et $120/12^e$). La durée moyenne des cycles majeurs tend ainsi vers 8 ans, durée suggérée par Clément Juglar avant lui.

– Les mouvements fondamentaux, qu'il associait plutôt à des tendances linéaires. Il en est ainsi du PIB, de la monnaie en circulation, etc.

Ces cycles mineurs d'une quarantaine de mois, que l'on identifie désormais comme les cycles de Kitchin, sont la base de la représentation économique dynamique. La combinaison de deux cycles mineurs de Kitchin forme un cycle Juglar de 6,66 ans. De même, la combinaison de trois cycles de Kitchin forme un autre cycle Juglar de 10 ans. En ce sens, la période moyenne d'un cycle de Juglar est d'un peu plus de 8 ans. Le graphique ci-dessous illustre le cycle mineur (au centre, avec une petite amplitude), et le cycle majeur de Juglar de 8,3 ans (en gras). On a ajouté deux cycles majeurs en pointillés qui représentent la variabilité du cycle de Juglar (entre 6,6 ans et 10 ans). En un graphique, tout est résumé…

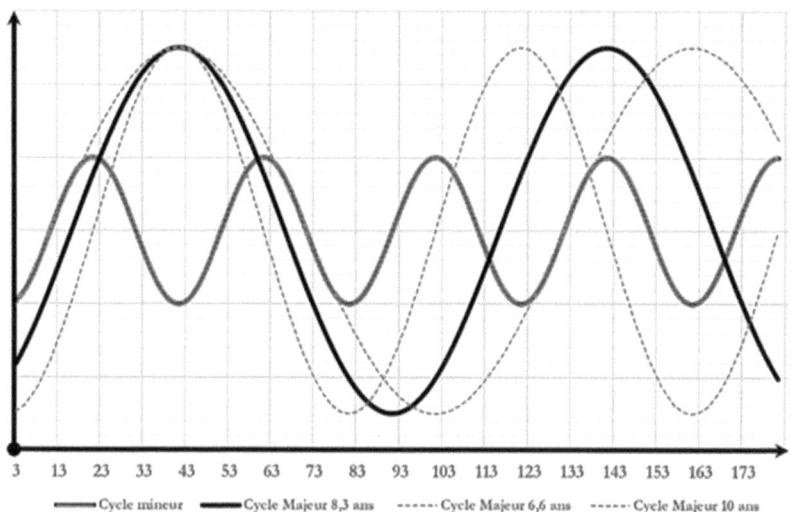

Représentation graphique des cycles de Kitchin
Cycles mineurs de 3,33 ans formant un cycle majeur de Juglar (compris entre 6,6 et 10 ans)
Période en mois | Graphique par Thomas Andrieu, 2022

Mais on sait combien la théorie diffère de la pratique, car en théorie, la pratique fonctionne toujours. En effet, beaucoup d'économistes renient l'analyse des cycles au motif, pour le moins idéologue, que l'économie est chose manipulable et que le cycle peut être étouffé par la seule force de la politique à court terme. L'histoire récente donne une fois de plus tort à ces apôtres de la stabilité. Bien que l'étude des cycles courts soit plus volatile et variable que les autres, il n'existe aucun argument raisonnable pour exclure les cycles des dynamiques observées en finance et en économie.

Malgré tout, les cycles sont aujourd'hui sujets à des applications plus complexes et plus révolutionnaires que jamais.

Le seul fait de considérer la variabilité des cycles (la durée d'un cycle à l'autre varie), qui a été récemment rappelée par la découverte des fractales, donne raison à cette méthode d'analyse impartiale et déterministe. Un ouvrage si intense que celui de Joseph Kitchin, tant par sa brièveté que par sa clairvoyance, et malgré une certaine complexité de lecture, mérite plus que jamais d'être mis en lumière, 100 ans jour pour jour après sa publication en 1923.

Cycles et tendances dans les facteurs économiques

Joseph Kitchin

Il est suggéré que les mouvements des facteurs économiques – qu'ils soient induits par les prix ou les volumes – sont principalement composés de :

1. (a) Cycles mineurs d'une longueur moyennant 3,33 ans (40 mois) ;

(b) Cycles majeurs, ou cycles dits commerciaux, qui ne sont généralement que des agrégats de deux, et moins rarement de trois, cycles mineurs et ;

2. Des mouvements fondamentaux ou tendances qui sont en grande partie des mouvements en ligne droite.

Cette généralisation est appuyée par un large éventail des statistiques annuelles pour la Grande-Bretagne et les États-Unis, et particulièrement par les statistiques mensuelles des compensations[3], des prix des matières premières et les taux d'intérêt pour les deux pays. Le propos sur la base des trois facteurs qui viennent d'être cités est décrit dans les paragraphes suivants :

I

A)

Les cycles mineurs ont en moyenne une durée de 3,33 ans (40 mois). Bien que les cycles en eux-mêmes puissent varier considérablement de cette moyenne, un cycle sous la moyenne est souvent suivi d'un cycle au-dessus de la moyenne, et vice-versa, de sorte que la moyenne de deux

---

[3] La compensation est le mécanisme financier par lequel des institutions financières s'engagent mutuellement sur une opération convenue à l'avance. Généralement, il s'agit des échanges de fonds entre banques permettant d'assurer les paiements courants.

ou trois cycles consécutifs soit plus proche que le cycle unique à la moyenne générale.

LENGTHS PER CYCLE IN YEARS, RECKONED FROM MAXIMUM TO MAXIMUM

		1890–1913: RANGE		1890–1922
		Single cycles	Av. of 3 cycles	Av. of all
Clearings,	U.S.	2.67 to 4.25	2.94 to 3.75	3.29
"	G.B.	2.50 to 4.00	3.00 to 3.75	3.30
Prices,	U.S.	2.41 to 4.67	3.19 to 4.00	3.31
"	G.B.	2.33 to 4.87	3.22 to 3.90	3.28
Interest,	U.S.	2.67 to 4.25	3.03 to 3.72	3.32
"	G.B.	2.83 to 4.16	3.03 to 3.69	3.37

Figure 1 – Durée moyenne des cycles seuls, puis moyenne des cycles par trio, pour la période 1980-1913, sur les compensations, les prix des matières premières et le taux d'intérêt

Les chiffres des deux premières colonnes auraient pratiquement valu pour la plus longue période 1890-1922, sauf en ce qui concerne le dernier facteur : l'intérêt. Ces cycles, tout aussi importants aux États-Unis et Grande-Bretagne, ne montrent aucun changement important de leur longueur moyenne au cours du temps, à en juger par des études portant sur une période d'un siècle en arrière. Ils ont persisté à travers les périodes de guerre avec des irrégularités, particulièrement sur le taux d'intérêt après la Grande Guerre, quand les maxima pour les États-Unis et la Grande-Bretagne étaient éloignés entre 1916,57 et 1918,71 – les décimales indiquant le temps d'une année calendaire.

Les dates du maxima de ces cycles depuis 1890 et après ont été :

DATES OF MAXIMA OF CYCLES

GENERAL MAXIMA OF CLEARINGS, PRICES AND INTEREST			DIFFERENCE FROM IDEAL (months)	
U.S.	G.B.	Ideal	U.S.	G.B.
1890.62	1890.73	1890.00	+ 7½	+9
1893.23	1893.34	1893.33	− 1	0
1896.12	1896.11	1896.67	− 6	−6½
1899.79	1900.01	1900.00	− 2½	0
1903.21	1903.35	1903.33	− 1½	0
1907.60	1907.45	1906.67	+11	+9½
1910.34	1910.46	1910.00	+ 4	+5½
1913.35	1913.29	1913.33	0	− ½
1917.76	1917.06	1916.67	+13	+4½
1920.37	1920.56	1920.00	+ 4½	+6½
Average difference			+ 2¾	+2¾

Figure 2 – Maxima identifiés sur les compensations, les prix et le taux d'intérêt. Joseph Kitchin identifia près de 10 sommets du cycle mineur entre 1890 et 1920

Discuter ces maxima généraux avec les dates idéales n'est pas nécessaire, car ces dernières viennent alternativement le 1er janvier, le 1er mai et le 1er septembre des années concernées, alors que la variation saisonnière affecte fortement le taux d'intérêt ; ces maxima tombant pratiquement tous de juillet à novembre et moyennant septembre dans les deux pays. Les dates idéales suggérées représentent une sorte de moyenne générale des facteurs, dont certains montrent normalement une avance sur la date moyenne et d'autres un retard. Si la date idéale – par exemple pour le taux d'intérêt compte tenu de son retard – était disons 1900,30, elle tendrait, en raison de l'augmentation saisonnière à l'automne, à atteindre un maximum soit vers la fin de 1899 ou, à défaut, vers la fin de 1900. Évidemment, les dates idéales seraient un peu mieux adaptées si reportées, disons, de 3 mois pour s'ajuster à la moyenne de ces trois facteurs particuliers – les compensations, les prix et l'intérêt – mais il est pratique de les conserver comme indiqué à titre de comparaison.

TABLEAUX DES MAXIMA ET DES MINIMA

1890-1922

Les dates idéales ont leur origine au début de 1890, les maxima étant espacés de 3,33 ans et les minima à mi-chemin. Les dates des minima sont écrites en italique. Les dates des maxima et des minima sont des années et des fractions d'années, représentant des moyennes mensuelles, sauf pour les prix et le taux d'intérêt de la Grande-Bretagne qui sont en fin de mois. Où les maxima et minima mensuels virtuels plutôt que réels sont sélectionnés, ils sont indiqués par *.
Les chiffres sous chaque date sont des indices sur la base de 1900-1913=100 pour les facteurs suivants pour les États-Unis et la Grande-Bretagne, respectivement :

– Compensations bancaires aux États-Unis – 1900-1913 moyenne mensuelle 11 750 000 000 $. Tracé en unités de 100 000 000 $.

– Prix global des matières premières – Bureau of Labour 1900-1922 tel que révisé à partir de 1913 (indice de 1900-13 sur les bases de 1913=100), et 10 matières premières de 1890 à 1999, comme indiqué dans la *Review of Economics and Statistics*, vol. 3, p. 369, mais condensé pour s'accorder approximativement avec les chiffres annuels du Bureau of Labour.

– Taux d'intérêt sur le papier commercial à 60 jours, New York – 1900-1913 moyenne 4,82 %.

– Rapport de la chambre de compensation des banquiers de Londres – 1900-1913 moyenne mensuelle, 1 037 000 000 £. Tracé en unités de 10 000 000 £.

– Prix global des matières premières – d'après Sauerbeck-Statist. Moyenne sur 1900-1913 de 75,5 tracée comme 100.

– Taux d'intérêt du marché sur les bons à trois mois, Londres – moyenne 1900-1913, 3,26 %.

Ideal dates	UNITED STATES			GREAT BRITAIN			INTERVALS IN YEARS BETWEEN MAXIMA AND MINIMA RESPECTIVELY					
							UNITED STATES			GREAT BRITAIN		
	Clearings	Prices	Interest	Clearings	Prices	Interest	Clearings	Prices	Interest	Clearings	Prices	Interest
1890.00	1890.37	1890.62	1890.87	1890.54	1890.83	1890.83						
	49	90	170	69	96	177						
1891.67	*1891.62	1892.37	1892.45	1891.62	1892.75	1892.49	2.67	2.50	2.67	2.66	2.33	2.83
	35	82	61	49	88	27						
1893.33	1893.04	1893.12	1893.54	1893.20	1893.16	1893.66	3.09	2.83	3.00	3.09	2.25	3.08
	51	89	202	56	91	96						
1895.00	1894.71	1895.20	1895.45	1894.71	1895.08	1895.57	2.75	2.67	3.25	2.59	2.55	3.17
	30	74	55	44	79	17						
1896.67	1895.79	1895.79	1896.79	1895.79	*1895.71	*1896.83	2.41	3.76	3.00	2.74	3.75	2.92
	45	82	178	71	84	100						
1898.33	1897.12	*1898.96	*1898.45	*1897.45	*1898.83	*1898.49	3.41	4.41	3.17	3.75	4.87	3.08
	31	77	67	56	84	31						
1900.00	1899.20	1900.20	1899.96	*1899.54	1900.58	1899.91	3.59	2.49	3.67	3.26	3.17	4.00
	74	93	122	80	101	173						
1901.67	1900.71	1901.45	*1902.12	1900.71	1902.00	*1902.49	3.59	2.92	3.75	3.50	2.67	3.84
	49	88	83	64	91	75						
1903.33	*1902.79	1903.12	1903.71	1903.04	1903.25	1903.75	3.91	3.34	3.33	4.00	2.49	3.08
	96	96	124	89	93	121						
1905.00	*1904.62	1904.79	1905.45	*1904.71	1904.49	1905.57	4.25	4.67	4.25	4.00	4.16	4.16
	68	92	78	75	92	56						
1906.67	*1907.04	1907.79	1907.96	1907.04	1907.41	1907.91	3.50	3.83	4.00	3.91	4.67	3.92
	128	108	166	116	109	188						
1908.33	1908.12	1908.62	1909.45	1908.62	1909.16	1909.49	3.00	2.41	2.83	3.25	2.84	2.92
	75	100	67	87	95	37						
1910.00	1910.04	1910.20	1910.79	1910.29	1910.25	*1910.83	3.59	2.75	2.67	3.00	2.41	3.00
	146	110	115	132	105	134						
1911.67	*1911.71	1911.37	*1912.12	1911.62	*1911.57	*1912.49	2.75	3.51	2.75	2.50	3.00	3.00
	107	105	78	109	104	73						
1913.33	1912.79	1913.71	*1913.54	1912.79	1913.25	1913.83	2.91	4.08	3.75	3.00	3.92	2.59
	146	113	126	145	115	152						
1915.00	1914.62	*1915.45	1915.87	1914.62	*1915.49	1915.08	4.17	3.91	5.17	4.33	4.24	2.74
	84	110	62	65	141	46						
1916.67	*1916.96	1917.62	1918.71	1917.12	*1917.49	1916.57	4.50	3.67	3.25	4.67	3.84	4.41
	233	210	124	171	239	172						
1918.33	*1919.12	*1919.12	1919.12	*1919.29	*1919.33	1919.49	3.00	2.75	2.08	3.08	2.84	4.59
	220	214	108	182	244	97						
1920.00	1919.96	1920.37	1920.79	1920.20	1920.33	1921.16	2.00	2.92	3.50	2.42	2.83	3.08
	360	274	166	353	352	208						
1921.67	1921.12	1922.04	1922.62	1921.71	*1922.16	1922.57						
	227	153	81	254	175	55						
Average interval between successive maxima 1890–1922							3.29	3.31	3.32	3.30	3.28	3.37
" " " " minima " "							3.28	3.30	3.35	3.34	3.27	3.34
Average interval between successive maxima 1890–1913							3.20	3.30	3.24	3.19	3.20	3.29
" " " " minima " "							3.35	3.17	3.28	3.33	3.14	3.33

Figure 3 – Tableau montrant les maxima et minima du cycle mineur pour les États-Unis et la Grande-Bretagne entre 1890 et 1922. La colonne majeure de droite nous renseigne sur l'intervalle de temps entre chacun de ces extrema et en bas la moyenne de ces intervalles qui tend vers 3,3 ans.

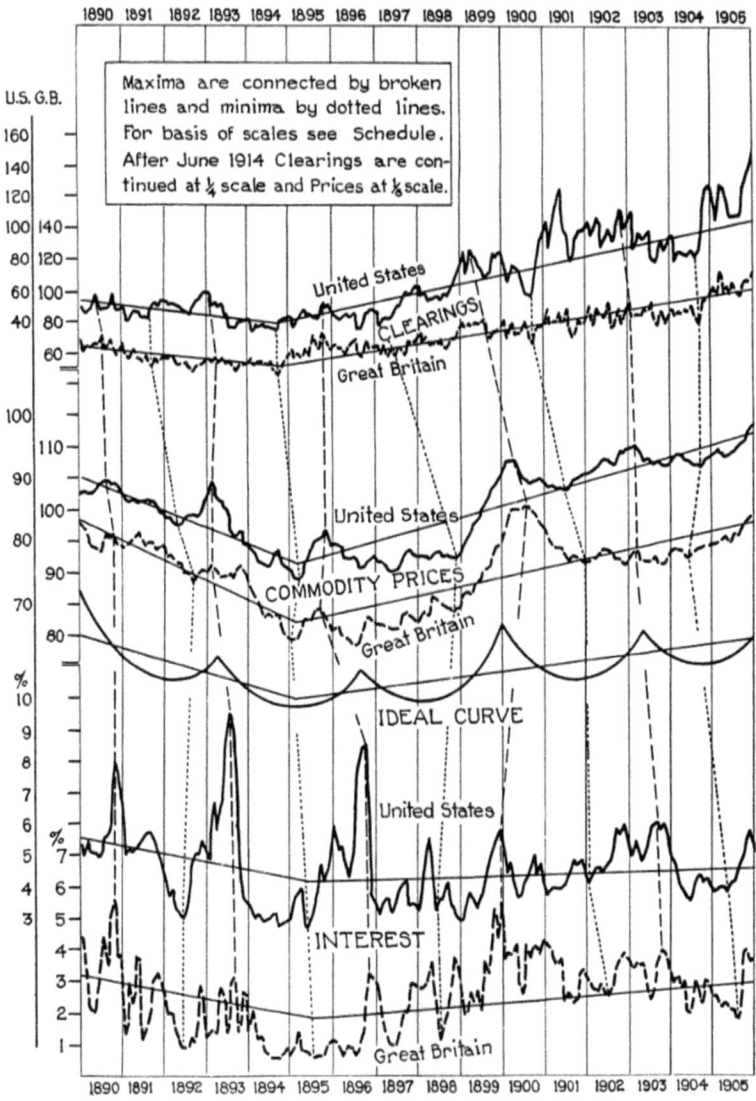

Figure 4 – Représentation des compensations, du prix des matières premières et du taux d'intérêt pour les États-Unis (haut) et la Grande-Bretagne (bas) entre 1890 et 1905. Les maxima sont tracés avec des lignes continues et les minima avec des pointillés.

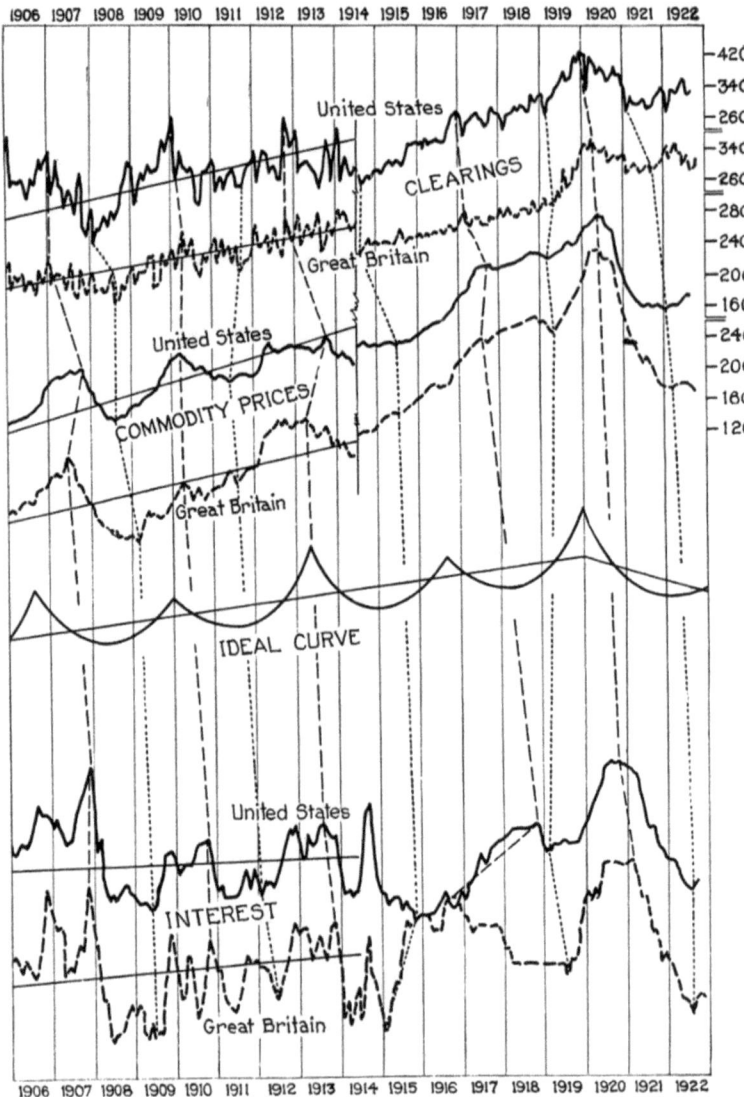

Figure 5 – Représentation des compensations, du prix des matières premières et du taux d'intérêt pour les États-Unis (haut) et la Grande-Bretagne (bas) entre 1905 et 1922. On notera le pic inflationniste en 1919/1920.

Ces cycles mineurs sont apparemment le résultat d'un mouvement rythmique dû à des causes psychologiques ; cependant, par le biais du prix des aliments végétaux, ils peuvent être influencés par un excès ou un manque de cultures qui ne correspondent pas à la normale du cycle. Cependant, ces prix alimentaires sont affectés à la fois par les cultures (manques traduisant des prix plus hauts et vice-versa) et par des fluctuations cycliques. Cependant, il semble y avoir une correspondance générale entre les minima dans les cultures et les maxima dans les conditions économiques générales. Sur la question de la cause du mouvement cyclique, le lecteur (sous réserve de ce qui vient d'être écrit) serait enclin à être d'accord avec M. Philip Green Wright lorsqu'il suggère : « Les cycles de l'économie et des prix sont dus à des récurrences cycliques dans la psychologie de masse réagissant par la production capitaliste. La périodicité approximative des cycles économiques suggère la récurrence flexible du paramètre humain plutôt que de la précision mathématique de phénomènes cosmiques. »

B)

DATES OF MAJOR CRISES

GENERAL MAXIMA OF CLEARINGS, PRICES AND INTEREST			DIFFERENCE FROM IDEAL (months)	
U.S.	G.B.	Ideal	U.S.	G.B.
	1847.66	1846.67		+12
	1857.66	1856.67		+12
	1866.43	1866.67		− 3
1872.96	1873.62	1873.33	− 4½	+ 3½
1882.87	1882.00	1883.33	− 5½	−16
	1890.73	1890.00		+ 9
1893.21		1893.33	− 1½	0
1899.79	1900.01	1900.00	− 2½	0
1907.60	1907.45	1906.67	+11	+ 9½
1913.35	1913.29	1913.33	0	− ½
1920.37	1920.56	1920.00	+ 4½	+ 6½
Average difference			+ ¼	+ 3¼

Figure 6 – Dates des crises majeures aux États-Unis et en Grande-Bretagne et écart à la date idéale du cycle majeur.

Les cycles majeurs, ou cycles dits commerciaux, qui sont généralement des agrégats de deux, et moins rarement de trois, cycles mineurs, la limite de chacun se distinguant par un maximum d'une hauteur exceptionnelle, par un taux d'escompte élevé, et parfois par une panique, bien que les paniques semblent disparaître. Les faits qu'ils environnent une durée de 8 ans, et qu'ils se manifestent généralement à des intervalles de 7 ou 10 ans, sont simplement dus à l'observation qu'ils sont composés de deux cycles mineurs (idéalement 6,66 ans) ou de trois cycles mineurs (idéalement 10 ans). Ils sont apparus récemment aux dates données ci-dessus (les chiffres avant 1890 sont approximatifs et basés entièrement ou partiellement sur des chiffres annuels au lieu de chiffres mensuels). On verra que les États-Unis ont maqué le maximum majeur de 1890 observé en Grande-Bretagne, ce qui a remplacé le prochain maximum mineur en un maximum majeur, mais généralement, les conditions dans les deux pays oscillent bien ensemble. On notera également que le maximum en Grande-Bretagne en 1882 est parvenu 6 mois trop tôt, c'est-à-dire qu'il est parvenu environ un an avant la date prévue, comme le montre le fait que la date moyenne aux États-Unis était par exemple 10,5 mois plus tôt. Il est aussi généralement admis que le maximum de 1907[4] était retardé.

Les maxima mineurs s'observent dans les chiffres mensuels de la plupart des facteurs, mais fréquemment, ils ne sont pas suffisamment proéminents pour apparaître dans les moyennes annuelles, même si le taux d'intérêt est une exception à cela. Ils doivent donc être étudiés uniquement en chiffres mensuels. En prenant un nombre de facteurs ensemble, les maxima mineurs intermédiaires ont une intensité de, disons, 40 % de ceux qui s'affichent en maxima majeurs, c'est-à-dire que les maxima majeurs sont 2,5 fois plus au-dessus de la moyenne ou de la ligne de tendance que les maxima intermédiaires.

Les cycles mineurs et majeurs que nous venons de décrire représentent les mouvements de vagues qui sont superposés sur le plus important : les mouvements fondamentaux.

---

[4] La crise de 1907 s'est manifestée mi-octobre à New York et s'est traduite par une forte panique en raison de faillites bancaires, induisant une chute de près de 50 % de la Bourse depuis ses sommets de janvier 1906. La figure du krach de 1907 est similaire à celle de 2008, et répond aux logiques temporelles du cycle de Kitchin.

II

Les mouvements fondamentaux, ou tendances, sont essentiellement des mouvements linéaires. Ils ne doivent pas être perçus comme rythmiques ou cycliques, mais sont sans doute dépendants de l'évolution du montant total de monnaie dans le monde. Le stock mondial de monnaie-or par tête (pris comme un indice monétaire général) était particulièrement stationnaire durant les périodes 1800-1847, 1868-1891 et 1918 à aujourd'hui, tandis que durant les périodes 1847-1868 et 1891-1918, il a plus que doublé. Il y a un décalage de quelques années dans son effet, et durant les périodes 1825-1851 (pour prendre tardivement au temps des guerres napoléoniennes) et 1873-1895, les compensations, le commerce et les revenus par tête en Grande-Bretagne ont seulement progressé de manière modérée ou ont même décliné, tandis que le prix des matières premières et du taux d'intérêt ont chuté de 30 % à 45 %. Dans les périodes 1851-1873 et 1895-1913 – pour s'arrêter au déclenchement de la Grande Guerre – les compensations, le commerce et les revenus en Grande-Bretagne pris ensemble ont pratiquement doublé, tandis que le prix des matières premières a grimpé de 40 à 50 % et le facteur taux d'intérêt a augmenté de 20 % dans la première période et de 80 % dans la seconde.

Le volume de production (une quantité de facteurs) tend à montrer un accroissement plus ou moins constant, qui est cependant quelque peu retardé durant les périodes de stagnation de la quantité de monnaie par tête. Une autre période de stagnation a apparemment commencé en 1920, faisant suite à l'arrêt virtuel de la hausse prononcée du stock de monnaie-or par tête. Dans ces mouvements fondamentaux, 1851 et 1895 étaient les années de prédominance ou de grands minima, marquant le début de longues hausses de la plupart des facteurs (et de longues baisses dans les facteurs inversés comme les cotations de titres à taux fixe), tandis que 1810, 1873 et 1920 étaient des années de prédominance ou de grands maxima[5], marquant le commencement de tendances baissières sur le prix des matières premières, le taux d'intérêt et d'autres facteurs de ratio, ainsi que d'avancées modérées plus que fortes (et même dans certains cas un recul) dans les compensations, le commerce, les revenus, et ainsi de suite, et des augmentations dans les facteurs inversés comme les cotations de titres à taux fixe. Avec les idées suggérées, les prochains maxima majeurs pourraient être observés en 1923,33 ; 1926,67 ; 1930,00 ; etc. ; parmi lesquels 1926,67 ou probablement 1930,00[6] et ensuite peut-être 1936,67 pourraient se manifester comme des maxima majeurs. Chaque maximum successif comme dans le cas des prix des matières premières devrait être plus bas que le maximum précédent – sauf potentiellement dans le cas d'un maximum majeur – ne représentant qu'une reprise temporaire dans une longue période de baisse.

Les mouvements, à la fois cycliques et fondamentaux, sont similaires en durée aux États-Unis et en Grande-Bretagne (et sans doute aussi dans d'autres pays), mais avec une tendance pour les États-Unis à être légèrement, disons, en moyenne un ou deux mois en avance sur la Grande-Bretagne.

L'annexe et le graphique qui accompagnent traitent plus loin de la théorie avancée, et donnent une opportunité de tester dans quelle mesure elle est en accord avec la réalité.

---

[5] Les descriptions faites par Joseph Kitchin sur ces minima et maxima majeurs annonçait déjà, sans le savoir, la description des cycles longs de Nicolaï Kondratiev (48 à 60 ans).

[6] Du reste, sa prévision fut globalement juste puisque la crise économique impacta lourdement l'économie américaine en 1930 et la prochaine récession se manifesta effectivement en 1937.

Pour les données des États-Unis, le lecteur est grandement redevable à la *Revue d'Économie et de Statistiques* pour ses compilations et graphiques des facteurs des États-Unis. Aucune tentative n'a été faite pour corriger les chiffres des variations saisonnières ou de la tendance séculaire, mais cela est fait dans de nombreux graphiques publiés dans la *Revue*, et ces cycles mineurs se manifestent souvent beaucoup plus nettement que dans les graphiques fournis. Parfois virtuels, les maxima et minima sont pris en préférence aux réels (peut-être accidentels), mais plutôt avec l'intention de coupler des mouvements sympathiques et certainement sans aucun biais intentionnel en faveur de la théorie. Les positions des minima idéaux ont été placées à mi-chemin avec les maxima pour la facilité – donc en ignorant la tendance des minima à être plus proches au plus bas de deux maxima successifs – mais aucune importance particulière n'est attachée aux positions relatives des minima, qui sont souvent plutôt indéfinies dans les facteurs illustrés.

ADVANCE OR LAG OF INTEREST AND CLEARINGS ON PRICES: 1890-1913

		Times later	Advance (−) or Lag (+) in Months	
			Extremes	Average
Clearings on prices (United States)	At Maxima At Minima Both	0 out of 8 1 " " 7 1 " " 15	−12 to 0 −22 to + 4 	−5¼ −7 −6
Clearings on prices (Great Britain)	At Maxima At Minima Both	2 out of 8 2 " " 7 4 " " 15	−12½ to − ½ −16½ to + 2½ 	−3½ −7½ −5½
Interest on prices (United States)	At Maxima At Minima Both	6 out of 8 6 " " 7 12 " " 15	− 3 to +12 − 6 to +10 	+4 +4½ +4¼
Interest on prices (Great Britain)	At Maxima At Minima Both	6 out of 8 5 " " 7 11 " " 15	− 8 to +13 − 4 to +13 	+4½ +4½ +4½

Figure 7 – Avance ou retard du taux d'intérêt et des compensations sur les prix des matières premières : 1890-1913

À en juger par les chiffres du tableau, les compensations ont tendance à avoir 6 mois d'avance sur les prix des matières premières (indices du Bureau of Labour et *Statist*), tandis que le taux d'intérêt se décale 4 ou 5 mois après eux. Comme cela est généralement admis, les mouvements aux États-Unis tendent à être en avance par rapport à ceux en Grande-Bretagne. Les chiffres dans l'annexe donnent les résultats suivants :

GREAT BRITAIN COMPARED WITH THE UNITED STATES: 1890-1913

		Number of times later	Advance (−) or Lag (+) (months)	
			Extremes	Aver.
Clearings	At maxima	5 out of 8	0 to +4	+2
	At minima	3 " " 7	0 to +6	+1½
	Both	8 " " 15		+1½
Commodity prices	At maxima	5 out of 8	−5½ to +4½	0
	At minima	4 " " 7	−3½ to +6½	+2
	Both	9 " " 15		+1
Interest	At maxima	5 out of 8	−½ to +3½	+½
	At minima	7 " " 7	−½ to +4½	+2
	Both	12 " " 15		+1¼

Figure 8 – Écarts entre les États-Unis et la Grande-Bretagne pour les maxima et les minima sur la période 1890-1913

Si les données des prix fournies par Bradstreet étaient prises au lieu de celles du Bureau of Labor, le retard moyen observé sur les prix (de *Statist*) aurait été de 4 mois. La période entière 1890-1922 aurait montré pratiquement les mêmes chiffres, sauf dans le cas du taux d'intérêt. En compilant ces chiffres, on obtient l'écart moyen aux maxima et minima sur la base de la période 1890-1913 :

Bank Clearings	(United States)	0
" "	(Great Britain)	1½ months
Commodity Prices	(Bradstreet's)	3 "
" "	(Bureau of Labor) ...	6 "
" "	(Sauerbeck-Statist) ..	7 "
Interest (New York, 60 to 90 days)		10¼ "
" (London, 3 months bills)		11½ "

Figure 9 – Écarts moyens entre les États-Unis et la Grande-Bretagne sur les maxima et les minima des compensations, du prix des matières premières et du taux d'intérêt pour la période 1890-1913

Il n'est bien sûr pas suggéré que le cycle économique soit d'une durée invariable. Le contraire est montré par les faits qui sont détaillés clairement dans cet exposé. Mais il est suggéré pour les cycles économiques d'une durée moyenne de 3,33 ans qu'un cycle écourté est largement compensé par un cycle suivant rallongé, et que la moyenne, quand elle est renforcée par les retards connus qui se manifestent entre divers facteurs, peut constituer une aide considérable dans la prévision. La partie traitant des mouvement fondamentaux est encore plus importante, et particulièrement pour le propos présent que 1920 a été témoin de la fin d'une longue tendance dans une direction (haussière dans la plupart des facteurs) et le commencement d'une autre tendance longue mais largement opposée, de telle sorte que les facteurs qui ont fortement progressé de 1895 à 1920 pourraient connaître une grande modification dans leur mouvement haussier (indépendamment des effets de la Guerre), tandis que d'autres qui progressent modérément pourraient évoluer négativement, et d'autres encore, parmi lesquels un bon exemple est la cotation de titres à taux fixe (comme facteur inversé), pourraient connaître une tendance haussière plutôt que baissière.

Cet exposé est le résultat d'une étude, en aucun cas limitée aux compensations, aux prix des matières premières ni au taux d'intérêt, qui ont couvert une grande partie des facteurs pour la Grande-Bretagne et les États-Unis remontant respectivement à 1810 et 1860, et couvrant les prix des matières premières, du commerce, des revenus, des salaires, du taux d'intérêt, de la banque, des cotations des titres boursiers, et les chiffres de quantité ou de volume d'une variété considérable, basée partiellement sur des données mensuelles, mais principalement à partir de la nécessité du cas, sur des moyennes annuelles. Ce travail a été suffisant pour convaincre le lecteur que la théorie peut être démontrée dans la grande majorité des cas. Le sujet semble maintenant avoir une forme dans laquelle il peut être présenté à la critique.

Préface par Thomas Andrieu.. 5

Cycles et tendances dans les facteurs économiques.... 9
   I 11
   Tableaux des maxima et des minima – 1890-1922 14
   II 22

Disponible dans la collection

Les Atemporels

— **Capitale de la douleur** de Paul Éluard
Dossier documentaire par Yoann Laurent-Rouault

— **1984** de George Orwell
Préfacé par Jean-David Haddad
Traduit par Clémentine Vacherie

— **La crise du monde moderne** de René Guénon
Préfacé par Jean-David Haddad

— **Psychologie des foules** de Gustave Le Bon
Préfacé par Benoist Rousseau

— **Le Roi du monde** de René Guénon
Préfacé par Pénélope Morin

— **Le livre des médiums** d'Allan Kardec
Préfacé par Amélie Galiay

— **Les paradis artificiels** de Charles Baudelaire
Préfacé par Yoann Laurent-Rouault

— **L'ésotérisme de Dante** de René Guénon
Préfacé par Pénélope Morin

L'Édredon

La revue littéraire de JDH Éditions

Venez découvrir les textes de la revue

**Textes et articles dans un rubriquage varié
(chroniques, billets d'humeur, cinéma, poésie…)**

Suivez **JDH Éditions** sur les réseaux sociaux
pour en savoir plus sur les auteurs,
les nouveautés, les projets…

Inscrivez-vous à notre Newsletter sur
www.jdheditions.fr
Pour recevoir l'actualité de nos nouvelles
parutions